Oscar Estévez Fernández

© Oscar Estévez Fernández, 2020

ISBN: ES 9788413262338

Edición e impresión por BoD - Books on Demand

info@bod.com.es - www.bod.com.es

Impreso en Alemania - Printed in Germny

www.bod.com.es

NIHIL. MI ANIMAL DE PODER

En memoria de las tildes caidas

Vigo. Julio de 2020

PREFACIO:

Tras la puerta, en la sombra
guardo el fin de la inocencia
Espacio sin aire entre la muerte accidental de un pajaro
y el triangulo que dibuja la escopeta contra la pared

I

Ante el mundo expuesto, entre oxido y clavos
en la cruz ardiente que es mi carne, morire
Frente a mi en un vaso el consuelo
espejismo del agua de mayo tardia que vierto
sobre la esperanza perdida
Te imagino como tremolo llanto penetrante
en mis oidos, ya regresando al utero. Madre
No recogere la cosecha, pues
el cuervo en la cuenca de mis ojos grazna
oh, Nihil, animal de poder
y ya contemplo el desierto y el tunel, donde morira la luz
al fin, conmigo
Guia mis pasos volviendo al trigo, madre
pues quiero pudrirme y ser el fuego fatuo
que adorne esta tierra, arrasada por mis demonios

II

El rastro del asfalto quebrado en la noche, se ensancha
cada dia, en esta frontera vibrante y uniformada
Aqui suenan los disparos
al compas luminoso de los blindados, cada dia
y centellean luego decenas de cuerpos, por un instante
implosionando en cuclillas cara al destierro que aventan
como perros apaleaos
Desapareceran como las niñas en el parto constante
de la bestia, que ahoga sus pulmones
Las niñas. Breves niñas, tanto
que ya la tierra se abomba con su desgarro
Teñiran de sangre el oceano, pienso, columpio azul
donde pienso
La distorsion acustica del noticiario fluye, ahora
propagando el ruido crepitante de las bajas pasiones
tanto
que intuyo el olor a bilis que palidece al sol
mientras cabalga el otoño sobre el pinar, ahora y cada dia
aqui
Aqui las niñas. Atardecidas hojas que llueve el viento
hacia el ocaso
Guerra

III

En una parada de autobus

la espera y su repeticion geometrica y puntual

en la muñeca

Circulados, nos transformamos en los segundos

que se reflejan en los coches. Arquitectura del silencio

Una niña se gira y me sonrie

-Señor verde

El dia empieza a despejar

IV

Colegio los siglos de apuntes
que calzaron mi pupitre contra la pared
donde escenifique mi metamorfosis, con sombras chinas
mientras transcribia el murmullo de la maestra
y me perdia en llegando al cruce de los caminos de tiza
tal vez por multiplicar rios invertebrados, en la capital
prehistorica, de la via lactea
Colegio tambien, el imaginario sin voz

V

Las 4 am de otro dia sin dormir

Una larva se mece hipnotica en la telaraña que

ocupa todo el perimetro del techo que muerdo

Mi ciatico agudo esta en crisis, y soy consciente

de la complejidad de su dolor, oseo, muscular y articular

El segundero camina, enervante

sobre la orilla lacrimogena del tiempo, en mis ojos

Me autocompadezco 20 minutos

hasta que el tramadol reduce el dolor a un hormigueo

electrico, que recorre mi pierna

Escucho entonces la calida, y sigilosa metamorfosis

de esta larva que soy, y que abandona su piel

en el pendulo que me vera dormir 4 horas, a ratos

VI

La lirica es un perro calao bajo una boina
y huele a taberna
En ella aun el sol y sombra, y el domino
se acompasan con el charloteo humeante y
todavia las uñas arden con el desden, rotundo
que descubre el culo de las botellas
Aun es tremendo el resonar de los brindis
y el revuelo de las lenguas de trapo, encabalgando
vivas y felicitaciones en un lenguaje de viscera y hueso
Del techo cuelgan todavia estrellas fugaces
y se cuentan alas de mosca en el ojo del otro, cualquiera
que soy yo abriendome paso en la bruma hasta el baño
donde la cisterna ruge selvatica y en mi boca amanece
el sabor a bilis de la lirica de ayer, que a veces vomito

VII

Hay un tipo de saber, entre la hipocondria
y el presagio fatalista
Es un saber remoto y precario que se inhala
germina y conserva, como la flor de la cosecha
que malogro el cuervo
y que guardo en un libro de historia
De noche aun escucho la burla del muñeco
que adopte a los cuatro años
y que presiona mi nuca contra la almohada
mientras repite mi nombre
y susurra que guarda mi sueño. Quiero matarlo
En el espejo brilla una luciernaga y se abre el telon
coraza y sepulcro
Observo mis manos, presas del trabajo que odio
casi tanto como a las cucarachas que crian los motores
Veo y huelo la grasa entre los dientes del otro
y en el suelo hay un manto de canarios desfallecidos
No hay oxigeno en la jaula
Alguien se corta o mutila, no se su nombre
y el jefe tuerce la cara
Que gran festin de varones digiere la maquina
entre la misa del domingo y cafe amargo del lunes
Mañana seremos tres menos y sentire vertigo
al hincar mis rodillas entre la escoria metalica
que refleja mi rostro. Pienso

Pienso abriendo los brazos como aspas de molino
aunque no haya viento
Asi discurre la vida,como el agua por la rejilla del lavabo
eco de su desperdicio, en cada casa, cama y noche
Lo se. Os mataremos a todos, lo se
porque casi no quedan corderos
y el hambre aviva las brasas

VIII

Abri la puerta, y en el quicio de la cordura
su gato araño mi frente hacia el final de la tarde
Aqui habito el tiempo, languideciendo en su segundero
pues otro anonimo muriente, soy
Soy la luz de la luna que penetra en el abismo
donde canta mi musa
Alli me hundo, pues guardo un lastre de tormenta
y la palabra llueve tronando
la palabra tronando, esta noche
Esta noche maulla el gato a la luna
y la musa, en el quicio de la cordura
sonrie y baila con mis demonios, purificandome

IX

Ayer soñe que un arcoiris me nacia del pecho
y en el mil gorriones morian, cantando
y luego mil mas, venian, a morir cantando tambien
De aquel inmenso cadaver nacio luego una estrella
agonizante y sonora supernova cromatica
Hoy pienso que tal vez Dios sea su rastro de polvo estelar
y hoy quiero enhebrar su luz, y con ella coser la toga
que vista mi nueva fe, porque soy un hereje orgulloso
y creo en la razon del deseo
y porque yo creo en la muerte que se esconde
en la materia que habitamos cada dia
fragua del cemento con el que edificamos nuestra soledad
Yo naci del roto donde perdi todo lo innombrable
y hoy dibujare un pentagrama en mi frente
ojo continente del humor vitreo donde
nadare con el niño que fui ayer

X

La silla cojea vencida por los años que perdi

desafiando a mi reflejo en el quicio de la cordura

gato que araña mi frente mientras

tomo medidas al marmol donde escribire

lo ultimo que nunca dijo, ni dira

Pobre anonimo muriente, mi reflejo

languideciendo en el segundero hacia el final de la tarde

eclipsado por el bostezo de la lluvia, en el calendario

XI

Aun deseo la carroña que ceden las gaviotas
empachadas, y que arrojo a la rima inutil
del verbo continente del vacio. Crear
Tu y yo, o tu o yo. Todo o nada
Somos el beso fraterno que arrasa la guerra
que eres tu, y yo
Somos el oceano versificado
que agita la vision del exterminio
que guarda este poema

XII

Brota la hiedra en el limbo de mi voz

su grito baila envenenado en la hoguera, con los libros

Mil imagenes se derriten, humeantes palabras

como palomas abrasadas por una tormenta, electrica

Guareceme de esta locura entre tus piernas

pues la cuchara ha desbordado un mar

y a los pies del vaso, en la sopa

las letras se deforman como en un espejo de feria

Ahora formo un barco, un bahul y una bala

y pienso en la madera podrida que soy, a la deriva

Dime algo mientras rio entre carcajadas

sentado en el bahul, desangrandome

aun la pistola caliente, en tu mano

(Jugando a indios y vaqueros, solo)

XIII

Reza, ama, y comprate un dulce. Oh, beauty teen
Masturbate al menos porque la esperanza
no te va a sacar de pobre
Oh beauty teen do carallo, consume tu cuerpo ahora
La muerte sera un futuro sin ti
ni mejor ni peor, asi que
olvidala y contempla tu desnudez, ante el espejo
Oh beauty teen, todo el mundo eres tu
un collage de las imagenes que atraviesan tu mente
Tu carta de ajuste inutil, eres
Contempla tu vida, que es sin ti
y acepta el presente
La entropia del deseo y su sintesis, traigo
He comido mas tripis que tu
Mi Buda 2.0 contra el curso online de chamanismo
que sigues pagando. Escucha
en la india se fabrican tus pantalones de haren
y tambien follas poco y mal
Oh beauty teen, cultureta
Arrodillate conmigo ante la pared, el castigo nos liberara
Hazme una foto
los ojos en blanco y la baba manando, a horcajadas
Oh beauty teen, abrete a la locura

XIV

Fue por soplar polvo de estrellas
que caiste dormida ante la ruina de mi cuerpo
¿Recuerdas?
Deja que maulle la gata esta noche a la luna
y saltemos al abismo fotografico del adios
inundando de nuevo las retinas, una ultima marea
Brindemos luego porque bajo la luna
a los pies de esta cama
otro nombre describa la orbita del horizonte de sucesos
que te engulle

XV

En tu bosque enraice mis venas

No tuve por alimento mas que el rocio

del gemido nocturno

y a la luz de un nuevo dia, contigo

limpie el limbo de mis pasos

Pude afrontar asi la deriva de la sangre, en una botella

y ahora tras la puerta, mi sombra cobra vida

y en la cama baila

pero ya no me asusta soñar

XVI

Naci de la pira funeraria que fue tu vientre
Baile su llama en el monte de venus
hasta transformar mi cuerpo en la ceniza
con la que escribi tu nombre en mi frente, mil veces
Pero tu...
respondiste a mi invocacion con un silencio de invierno
unica estacion posible del arcoiris donde perdi los ojos.
Tu
Naci de la pira que fue tu vientre
poema donde yazco y declaro la guerra
al paramo de mi alma de papel
escombro del espejo que no reconoce
la sombra que me habita. Cuervo

XVII

Buscare refugio en el norte

Sere el musgo hendido en la tarde de una herida

que empieza a curar

y me dormire aferrado al presente del monstruo

que es el adios

apoyando mis parpados en el horizonte de otro dia, sin ti

Recordare que fui un rayo de luz cegando tus ojos

cuando querias ser el verbo que resumiese mi alma

de madrugada

y yo te negaba la voz acariciando tu boca

con el aire de un diente de leon

hasta amanecer en las palabras sobrantes de un beso

XVIII

Murio mi gemelo
Ya nadie me hablara asomado al umbral
del poema
ni proyectara imagenes contra la pared
donde perdere mis ojos, mañana
Mañana, extraño tiempo en el calendario
donde pienso en el negro de un gato negro
bajo la lluvia que ya escampa en mi pecho
lentamente, suavemente, arropandonos
En esta guerra de identidades inmortales
se lucha contra el destierro de la humanidad
donde construyo el cuerpo del poema
que devoro y depredo mil veces
contra el reloj de mi noche
hasta llegar a la medula del verbo, pues
soy el escriba del blanco en el papel

XIX

El ultimo tren de vapor va a partir...

Bajo la lluvia los pañuelos en el anden

se agitan y arrugan, via adentro

hacia el horizonte limbico

entre traqueteos suspirantes, tan vaporosos

que parecen fumar una pipa ancestral

Te pense vestida de blanco en el anden

despidiedome con el beso de un reproche

susurrante. Levemente susurrante

Olvide entonces la orfandad de los astros, y soñe

que nos fundiamos en todo el color posible

de la unidad eterna, del Big Bang

Perdona, te siento, no estas...

Soy yo quien te despide y cojo este tren para

buscarte, encontrarme, recordarte y entender tu muerte

por eso aqui sentado me entrego al beso lunar del cuervo

en la sien

que al abrigo del viento, por la ventana

llega y ensortija mi memoria

con el opaco fulgor del barro que nos separa

Unico paisaje ahora, tu muerte
naufragio de coordenadas indescifrables
donde las sirenas cantan entre las arquitecturas
pasajeras
de los enigmas equidistantes
Unico paisaje ahora tu muerte, en un tren de vapor
Unico paisaje ahora, tu muerte un tren de vapor
Unico paisaje, ahora tu muerte, y un tren de vapor
El canto me invade, con su trance chamanico
y me elevo al fin en torbellinos de trascendencia corvida
hasta que logro hilvanar los rotos vacios del alma
y arañando con felina tinta este poema
capa del sastre nocturno que soy
parto en busca de tu estrella polar
al noroeste de esta tormenta, de sangre, de ti

XX

Fue antes de la llegada del cuervo que habia primavera
y en las fuentes bebian las tortolas. Promesas unidas
Unidas hoy por el oxido candado en los puentes
en mermoria de lo que fueron
un espejismo bajo la intemperie
inutil contra la arena que os abraso la vista, aqui
Aqui en la fabula que es esta charca desierta, tu
ciego pintor, esbozas con ansia canibal
el recuerdo de sus besos
y te consumes, principe destronado, rana
La naturaleza ha muerto. La naturaleza, ha muerto
Escuchas las voces de los enanos que te han crecido y
como tempanos caen sobre tu lucidez menguante
viajera extraterraquea, tambien llamada dios
hasta que los polos quedan soterrados
y desaparece el recuerdo del igual y del contrario
y te vuelves papel
El hombre es un lobo para si mismo. Lo entiendes

XXI

Tengo hambre de aullidos entre mis sabanas
oseas sonambulas
Pobre de mi, niño lobo huyente del bosque
y su peste a carne, carbonizada
Me judgaran por matar al rey en su noche de bodas, ayer
porque oli la embriaguez penetrante de los petalos caidos
sangrantes de ella, rosa puber desespinada
que yo amaba
Su aullido en la sangre desbordando sus muslos, aun oigo
estremeciendo el velo de su mirada
envejeciente y humillada, menguando. Muriendo
Por eso mate al rey alli mismo, sin luna
y tengo hambre de aullidos en el bosque liberado

XXII

Todos saben que van a morir

Firmemos el armisticio bajo la bruma de polvora y sangre

donde bebe la ultima torcaz

Hagamoslo ahora, mutuamente vestidos con una soga

uno frente al otro inclinados

como los unicos cipreses, caducos

de este campo santo sin tierra, ni raices

Ya nadie cree en nada

hagamoslo ahora, o no quedara nadie para rezar

o tal vez dejar atras todo, y empezar de cero con otra fe

Quebremos nuestro delgado cuello

por la dignidad que aun podemos tener

si asumimos que el pasado, que hoy nos ata y condena

tambien nos iguala al inclinarnos, uno frente al otro

Aun podemos ser los unicos cipreses que reverdezcan

nutriendose, de su muerte

Hagamoslo ahora, quebrandonos en un abrazo imposible

bajo la bruma de polvora y sangre

XXIII

Extiendes tus manos, biblicas e hinchadas por la peste
y como losa de granito cae tu palabra
sobre el duelo inmemorial de la historia que impones
oh, politico mesias
Mueves la rueda
ayudandote en los mil radios de su urdimbre
oh, criador de ratas
Ayer te soñe engolando himnos en la charca del sapo
y te vi partir en cayucos sin vela ni norte, tras otro dorado
para mas gloria de tu reino perdido y putrido
atesorado por las orfebres roedoras de tu corona, hueca
Ahora se que, cada vez mas pesado, distante y sordo
eres el mastil que resta del naufragio

XXIV

¿Tienes una mano libre?

Deja de limpiar sus botas y rebuzna conmigo

Los maestros cabecean entre libros

Vamos a quemarlo todo, que no quede nada

El aire es la jaula donde los sueños pierden las plumas

y se desnucan

Dejame tu mano, luego hablaremos de consciencia

y algo aprenderemos, pero deja que te guie ahora

como a la marioneta que eres

Luego despertaras y me callare, lo prometo

Vamos a quemar la granja

XXV

Ahora que hui de la cuadra

perfuman las sobras para que vuelva

pero huelo la sangre que corrio por el filo

y sego la vida de mi hermano

Mordi el brazo del amo que hoy busca mi cuello

y ayer me cebo con manzanas

Aun pienso como un perro domesticado, creo

¿Cual es mi verdadera naturaleza?

Solo se que la podredumbre del alma es el altar donde

no ha lugar a nada, que no se venda

No quieren mi carne, sino la lorza del exceso que escondo

para que nadie sospeche que huyo

Lo se, su religion se nutre del miedo

Voy a quemar la casa del amo, el deshaucio expiara sus

pecados y

dibujare luego un camino de nubes tormentosas

para que rebrote el paraiso que nos robaron

XXVI

Mi vecino es un perro que ladra sentencias
de vida y muerte. Pobre loco al que voy a matar
Me cobrare su vida con gusto y sin remordimiento y
entregare su cadaver a la accidentada espuma
de la ultima marea que se gravara en mis pupilas
Arrojare mi humanidad al mar, en una botella
y quizas alguien la encuentre y huya al entender que
se acerca nuestro final
Matare a mi vecino esta tarde
en el parque donde hacemos el payaso cuando
negamos el juego a los niños e inflamos su aburrimiento
con la gravedad del globo de gas que los aturde
eleva y distancia
hasta nublar el cielo con nuestra ceguera voraz
e incurable
Mil niños. Mil globos de negros miedos repletos!
esa es nuestra ultima progenie, y estallara
aun tibio el orin de sus pesadillas nocturnas
en la terraza donde mi vecino arregla el pais
cada mañana

Cada hedionda mañana mi vecino lee sopas de letras sesgadas

que luego transforma en profecias, y ladra

como sentencias de vida y muerte, al aire

cada mañana

creyendo ser el alfa de esta jauria humana, aqui

en el claustro que es este patio de luces, escasas

donde aprendemos a odiarnos nada mas nacer

al grito de la razon extraña, que ha nublado mi mente

tambien, esta mañana

Hoy entiendo la guerra, la santa cruzada y sentencias de vida y muerte

infectado como estoy por la misma y constante rabia

que mueve al mundo, cada mañana

Cada mañana

mi vecino es un perro que ladra sentencias

de vida y muerte. Pobre loco al que voy a matar

XXVII

Del grifo manaba una catarata

y yo frente al espejo reia

con la gravedad de un muñeco desmembrado

Llegue en mi desnudez cardinal

al cruce de caminos que colgaba del techo

y entre las luces fundidas, me perdi

Quien soy?.(panico escenico)

Acudio a mi alarma la ambulancia a escala 1:25.000

llena de narcan que guardo en el bolsillo

No se quien jugaba a que, ni con quien

y de camino al hospital entendi

que la muerte no trasciende al hombre

El sol entraba descubriendo mi torso

por la trampilla del techo, avido

de la humedad de mi carne

y hui con el perfume del mediodia, hasta que

me vencio la noche bajo la luz de la luna

donde lave los jirones de mis pies peregrinos

En urgencias sobre un pico del tac brinde

con sangre y sudor, a la memoria del ultimo hombre libre

y fui perdiendo conexiones sinapticas, alfanumericas

alegoricas y sanguinarias, hasta que volvi al cromatismo

anodino y cotidiano de siempre

Flashback

Llego la nada a la habitacion y la soledad

se cobro mi ausencia entre los viejos tocones de roble

que agrieta la marea, en Bouzas

Recuerdo las sombras bailando con el viento

de las gaviotas, y contar hasta 100 sin respirar

Soy el ave fenix que resucita al atardecer

Yo inhale todo el silencio del mundo, mil veces

y solte la niebla que sirve de alimento a Nihil

Recuerdo que el sol pellizcaba mi cara, y cerre los ojos

ante las luces de cualquier puerto

Parti asi hacia la tierra-nido del cuervo nihilista, si

asi empezo el mal trip

Final del flashback

Amaneci en casa con el alta, en una mano el alta

y 2 pirulas en la otra

De nuevo frente al espejo vi mi cara derretida y ardiente

mientras pasaba fugaz la imagen que luego escribi

Esto, el cuelgue poetico de Molly

Vi un futuro de plastico y lleno de parasitos carroñeros

Asi es la vida, ya, al fin y al cabo. Digo yo, neno

Digo tambien que opto por ser impreciso

el resto de opciones son un voto en blanco y

no tengo planeado votar, nunca

Diras que he perdido las grapas , y que aqui vuelan
varios personajes, sin guion. Y que?
Me viene a la cabeza una colmena. Lareina me desposa y
mientras, engullo el futuro de sus hijos
Pobres diablos muertos en vida
Nunca supieron de sus origenes ni raices
Solo juegan a ser y nunca moriran en el intento
de conseguir algo mas alla del SMI
Apestaran a la mierda ensangrentada y reseca
de sus gallumbos. Lo sabes
Llueve en el descampado donde juegan a huir en coche
a toda hostia, entre cabelleras cortadas
y la sangre del enemigo que nunca conoceran
¿Es esta la nueva clase obrera?
Ojala existiese un destino de cristal
redondo y sin aristas, perfectivo en la enunciacion
del significado de la felicidad
(Cuelgue blanco y lucido)
Pues, asi, todos los adivinos se esfumarian
desvistiendo con sus tunicas a la musa enorme
del universo, y la realidad seria entonces un poema
plano pero bello, lleno de curvas femeninas
topicas y tipicas
y oleria a barbacoa y humedad de iglesia
y todo seria perdonado y confesable y entendible
Bendita sencillez moral, laxa y fetida

No se a donde voy, tal vez a un futuro muy mecanicista
Pillare un atajo violento
Hay una bala sangrante entre las exequias del colmillo
que talla el viejo
El viejo se duele de si con el frio del brindis que
desborda soliloquios sobre el hule veteado ya
debido a las capas bisiestas del tiempo que vivio, jodido
Al viejo se le ensanchan las grietas noveladas
del plomo en la frente, junto al vino picao
entre las migajas del pan duro que conquisto ayer
a sangre y fuego. Con un par
Deja de ocultar tu miedo entre religiones
La pasta con atun huele a gas, y tu orgullo claudicante
no va a hacer que sepa mejor, don honrado
Ese viejo, decia, no sere yo, ni tu, ni nadie
de tu progenie. Tampoco lo fue tu abuelo
El fue el ultimo hombre libre
El ultimo hombre libre
hablaba del pelo creciente del cadaver
y aun resuena inquisitoria la palabra licantropo
entre sotanas, cuando se redacta el bulo con el que
el sexo obtiene su redencion esquilado, el domingo

El ultimo hombre deseaba ser un caballo

y corrio contra el dia del juicio final

con toda la espuma del oceano en su boca

rabioso como la sarna ruinosa y cetrina

que sufren los pastores

El ultimo hombre libre vistio harapos con gusto

y desprecio todas las limosnas

El vivio en el instante fallido donde brota la primavera

y la senectud levanta su guadaña

El se mantuvo derrumbado sobre la maleza

donde pasta el olvido, sin horizonte ni refugio

El se aferro, doliente y con fuerza

al cuero del bosque, otrora ondeante y sedoso

en su verdor, como las postales que nunca tuvieron

remitente

El removio la entraña que fue su corazon

y descubrio la fonda de los caballeros

turbios como el poso donde se adivina

el futuro evidente de nuestros cuerpos

Nuestros cuerpos, continentes solitarios

de las fabulas donde nos perdimos, paginados

entre las medias tintas de los personajes que

casi nadie quiere interpretar, hoy, porque

el amor es el sueño del que se han despertado

Lo asesinaron porque era un hombre sabio
Voy a matar al trapi. Soy yo quien habla
me alegro en parte, perdere su numero en Jupiter
Yo asisti a la muerte del ultimo hombre libre
Venia diciendo
Yo llegue a la plaza cuando una araña caia
perlando el punto exacto donde la soga fue silencio
Que erotica fue la muerte del ultimo hombre libre
espasmodica y violenta, como la sed
de semen y sangre, de la horda
blanca en su desempeño liturgico
y servil al falo encarnizado que rasgo su alma

Oscar Estévez Fernández